人生の踊り場にいるあなたへ

Tenkawa Miwa
天川美和

PHP研究所

がむしゃらに登ってきて、ふと一息
進んでもいいし、止まってもいい自由な空間
下を見ると、これまでの足跡が見える
上を見ると、これから登っていく未来を思う
踊り場で何を思うか
目を閉じて、「ふーーー」っと深呼吸
肩の力を抜いて六感を働かせよう
終わりを慈しみ始まりを思うとき

プロローグ　医者半分ユタ半分

島では、それが日常だった。カラダを診るのはお医者さん、見えない世界の橋渡しをしてくれるのがユタ（沖縄県と鹿児島県奄美群島の民間霊媒師、シャーマン）。物理的な体のことも診てもらうが、見えない世界のことが体に影響していると考えるから、両方をみてもらう。

母は、私が幼い頃、熱を出すとユタのところに行っていた。帰ってくると、あちらの方でザワついていることがあり、それが私に影響して、熱という現象が現れている。いつもそんな風なので、島にいた時は大病することがなかったので、唯一の診療所にもほとんど行ったことがなく、薬を飲んだ記憶も皆無の状態。

とはいえ、物理的な熱にはどう対応するか！　解熱剤の代わりに、アロエをオデコに塗りたくられ、熱冷ましをしていた。自然の恩恵と、生活の知恵で成り立っている島の暮らしだった。

そして、島での「神様」とは、八百万の神と、ご先祖様である。オジー、オバー、親戚縁者が亡くなると、自動的に「神」になるのだ。そのお陰か、事あるごとに、ご先祖様への祈り、感謝が沁みついている。

その他、生まれた時から、島で行われる神ごとを感覚で感じてきた。年間何十回とあり、そのお手伝いも当たり前のようにしていた。年に何度か、海の方へは行ってはいけない。そんな期間があった。なぜなら、そこで行われるのは神ごと。それに遭遇することは、人間の領域を超えた存在に触れること。畏れも含めて、そんなことが日常だった。

小さい時から、魂という言葉はよく聞き、使っていた。島の方言では魂（タマス）と言う。ビックリすると魂が抜けてしまう、という見えないものを見えるかのように扱う言い伝えがある。そして、魂をなだめるおまじないの方法まで教わっていた。そのおまじないを今でもやっている。

それが私のバックボーンであり、ベース。見えにくい〝見えないモノ〟は、私がモノゴトを見る時の判断材料。無意識にその感覚が発動しているようだ。

見えるモノの奥にある見えないモノを、感覚を研ぎ澄ませてキャッチする。私の生まれた島のお陰。きっと、私は「ここが良い」ってこの島を選んで生まれてきたんだろうなと、最近しみじみ思う。

愛《かな》さ

口伝の綾言《あやぐ》*1
喜怒哀楽でできた濃紺の海
根底で脈々と繋がる血
島の気高さ
愛《かな》さ*2島《しま》

*1 綾言 美しいことば
*2 愛さ 愛おしい、愛する、育むなどの意

もくじ

人生の踊り場にいるあなたへ
プロローグ　医者半分ユタ半分　2
愛さ　4

1 承認、励まし、自分を知る

心の声を聴こう　10
予知夢　11
死生観　15
私の根っこ　16
人は多面体　17
怒り　18
ゾウの耳　19
透知の力　20
呼吸　24
奇跡という当たり前　25
矛盾　26
止まるをする　27
後悔　28
インタビュー①「先祖への感謝」とは　29

2

気づき、向き合う、目覚める

鏡　36
怒りは毒　37
怒りの正体　41
気づき　42
死の淵　43
自分を捨てる　44
反省　45
すでに持っていた　46
人生は月の満ち欠け　48
悪い顔したいい奴　49
裏切り　50
人は言われた言葉でできている　51
愛する理由　52
本音を言うと喧嘩になると思っているあなたへ　54
自分の枠で人を見る　55
あっちを見るためにこっちを見る　56
変わらないもの　57
新しい自分との出会い　58
インタビュー②　「気づく」ことの大切さ　59

3

決める、信じる

覚悟　64
力強く選ぶ　65
離婚　67
選択　68
結婚　69
愛する生き方　70
同じ時間を使うなら　71
不安への処方箋　72
ときぐすり　76
手放す　77
許す　78
吐いてから吸う　79
記憶の袋の大掃除　80
ワクワクを取る　81
みんな主人公　83
責任　84
墓場まで持っていく　85
Calling《コーリング》：天職　86
チャレンジ　90

神様の立場になってみる 91
選んだ方をよしとする 92

4 前進、成長、一歩前へ

人生の操縦席 94
自分の感覚を信じる 95
ミラクル 99
ありがとうのコレクション 100
出産 101
決めつけない 102
ステキな勘違い 104
トントン拍子 105
存在そのものの尊さ 106
楽しんだもん勝ち 108
自由 109
自分の人生に恋する生き方 110
インタビュー③「課題解決のヒント」 111
エピローグ 115
謝辞 116
終わりは始まりのはじまり 118
あなたの中にいる詩人との出会い 119

1

承認、励まし、自分を知る

心の声を聴こう

心に寄り添って
耳を澄ませて
感度を最大限に
そして、本音を教えてもらおう
不安や恐れからくる言葉はいらない
本当に本当に本当に伝えたいことを言葉にしよう
言葉を大切にするのは
自分を大切にするのと同じ

予知夢

「けいオジー元気——?」

久しぶりに会ったオジーに、駆け寄って手をとり、にこやかに話をしている私。

朝、目が覚めても、優しい気持ちで話しかけていた感覚が残っていた。

「昨日、けいオジーの夢を見たんだよね」

「そーか、そしたらけいオジーのところに行っておいで」と母。

「いやぁー、いいよ……」

久しぶりの帰省で島に着いた翌朝の母との会話。それもそう、実は私、その夢に出てきたけいオジーが嫌いだった。理由は、父方の親戚であるそのオジーは、父がやんちゃなうえ定職に就かないことで、私の母に酷いことを言ったり、したり、キック当たっていた、ということを妹から聞いていた。私は、それがどうしても許せないという感覚を持っていた。

しかし夢の中ではオジーを前に、私はとても好意的に、そしてにこやかに心から「オジー元気?」と声をかけていた。でも、けいオジーのところにわざわざ行くほどではない。そう思って数日が経過していった。

実家から徒歩数分のところにある、子どもの頃から遊びに行っていたビーチ。観光客も増え、なんにもない良さが消えつつあり、寂しさも働いたのか、生まれて初めて「ビーチクリーニングをしよう」と閃《ひらめ》いた。子どもたちを誘って弓状に一キロメートルほどのビーチを端っこからゴミ拾い。作業も終盤にさしかかったところで、先に行っていた子どもたちが誰かと話をしていた。近づいていくと、

「ん?　けいオジー?」「あっ!　けいオジーだ」

「けいオジー、元気?　美和子だよぉー」

「あー元気かぁ〜?　オジーは足が弱ってきたから散歩してまわってるさぁ〜、子どもたちも元気だねー」

あれ?　なに?　夢の再現?

あんなに嫌っていたのに、夢の中と同じように、優しく愛おしい気持ちでオジーと向き合っている自分がいた。そんな不思議な感覚も冷めやらず、実家に戻って母親に

その話をした。

そうすると母は、また「けいオジーのところに行っておいで」と言ってきた。強要ではないが、母が何度もそれを言うことを思い返した。そういえば、昔からそうだった。母は、「亡くなったオバーの夢を見たから、自分の実家に行って線香を立ててくる」とか、私たちの現実とリンクするような夢を見たら、様子見の電話がかかってきた。夢からメッセージやインスピレーションがあることを知っていたのだろう。

そんなことを思い出し、実家滞在の最終日のフライト前に、けいオジーのところに立ち寄り神奈川に戻った。

飛行機の中で、オジーとの再会を思い返してみた。

あの夢は予知夢だったのか……？

夢から導かれたヒーリング。

あの日以来、私の、島に対する感覚も認識も変わった。

一番大きな認識の変化は、島や親戚への言葉にできない〝鬱屈《うっくつ》〟をけいオジーにぶつけていたと気がついたこと。そして、もっと深く掘り下げると、それは自分自身への否定や怒りにつながっていたこと。

あまりにも苦しいと誰かのせいにしないといられない時もある。誰かのせいにすると自分が楽になったような錯覚に陥る。しかしそれは一時。それを続けていても本質的な解決にはならないけれど。

そして今の自分は、島にいた時の自分とは違う。

今の自分なら、誰かのせいにしなくても、問題の本質と向き合える自分になってきているのだろう。そのタイミングを見計らっていたかのような夢からのメッセージ。

私の出自*に対する複雑に絡まっていた根深い思いが、解かれていく物語が始まった。

*出自　出どころ、生まれ育った環境、歴史

死生観

あちらとこちらがあるとすれば
こちらでの死は、あちらでの誕生
あちらでの死は、こちらでの誕生
どちらから見るか
日常も同じ

私の根っこ

強くて
弱くて
楽しくて
強がりで
優しくて
怖がりで
寂しがり屋
色んな根っこでできている
そんな自分が〝お気に入り〟

人は多面体

表、裏
光と影
白か黒か
人はそんな単純じゃない
色んな角度があって
色んな表情があって
色んな濃淡があって
色とりどりでできたボールのよう
見ているのはほんの一面
一面だけをみて、決めつけない
相手も、自分も
無限に広がる可能性

怒り

自分を痛めつける最高の方法
怒りをぶつけていると言うけれど
誰にぶつけているつもり？
他の誰でもない
自分にぶつけているのに気がついて
相手が痛いのはほんの一瞬
一番痛いのは自分だから

ゾウの耳

私の耳はゾウの耳
近くの声が大きく聞こえる
耳をふさぎたくなる
遠くの声がよく聞こえる
遠いから聞こうとする
近くの大切な人の声
あまりにも大きくて
こわくなる
若干距離があった方が
よく聞こえる
私の特質

透知の力

「ヨガは、私に向いている」

ヨガというものがどういうものかも詳しく知らないのに、そんな感覚を持っていた。

さすがに、ポーズがあるということは知っていたが、身体を整えるとか綺麗にするとか、そういうことよりも、私が惹かれていたのは、漠然と〝精神性を高めてくれる〟ツールのような気がしていたからだ。

「せっかくやるなら、インストラクターの資格をとっちゃおう！」

一度もヨガスタジオに行ったことのないのに、二人目の子が生まれて、半年ほど経った頃、そう閃いた！

授乳中ということも忘れ、思い立ったが吉日！　学校に通うのにはどうすればいいか？　そこに考えを集中。

まずは、学校を探そう！　色々と検索していたら、自宅から三十分ほどで通える学校を発見！　四月開始という、タイミングもバッチリ！　これはちょうどいい！

しかし、私は良くても、学校側が、全くのど素人を受け入れてくれるのか？　と思い、電話で問い合わせ。

私「一度もヨガをやったことがないのですが、大丈夫でしょうか？」

学校「ヨガをより詳しく知りたい方でしたら大丈夫ですよ」

まさに、私にぴったり。と、通うことにした。


次は、私が不在の時、授乳中の娘を夫にみてもらう相談！「いいよ！」と快い返事。上の子と二人の託児なので、義理のご両親を呼び寄せたりしながらなんとかするからと。

そして、ちょっとした工夫も。朝、出掛ける前に授乳して、終わる頃に車で学校まで迎えにきてもらい、車の中で授乳。何かに突き動かされている感じでモノゴトがトントンと運んだ。

学校での授業は、本当に楽しく、水を得た魚のような気分で、まさに私が求めていた世界観。毎回の授業にワクワク。やっぱり向いていた。

ヨガの世界観は宇宙の真理で、大きく外へ広がっていくように思えて、その実、自分の中にある宇宙との呼応を知り感じること。授業の中で、自分と正面から向き合って対話させられる感じがまた嬉し。そして、身体一つあれば、道具も何も要らない。場所も時も選ばない。常にそばにある。「その点でも最強だな」と改めて感じた時間だった。

無事にインストラクターを取得したら、すぐに学校側から「所属のスタジオでインストラクターをしませんか？」というお声がけがあった。せっかくお声をかけていただいたので、「頑張ります！」という気持ちで、そのことを友人に話すと、「えっ？私の友達は、何年もヨガに通っているけど、難しいって言っていたよ、そんなので大丈夫なの？」と。「まぁー、そうだよね……」と、少し意気消沈。

その後、別の友人に話したら「えー凄い！　美和子さんきっと優秀なんだね」と言われ、そんな視点もあるんだ!!　と開眼！　同じ話なのに、両極の見解を聞くことになるとは。まさに、宇宙の法則。見える世界は自分が作っていることを実感。前者の方へ話した時は、自分でも自分を信じ切れていなかったのだと、後で気づいた。

不安もありつつ、みんな必ず最初は初心者！　初心者をしなければ経験者になれない！　という、前向きにとらえる後者の友人の発想に波長を合わせ、準備を念入りにすることにした。話す内容の一言一句を確認し、ポーズの説明、どういう効果があるのかなど、全部まとめて資料作りを徹底することに。その後、経験を積んでいく中「レッスンをすればするほど自分の知識がまだ狭くて浅いことを知る」という状態に。

テレビでたまたま流れてきた別のヨガの学校へ新たに通うことに。それから程なくして、更に上級へ。そこでの学びで、より智慧が深く広くなった。ヨガの学びは、キラキラ輝く底なし沼のよう。

死の淵を彷徨《さまよ》っていた時、そのことを事前に知っていて、自分を守る手立てとして学ばせてくれていたのかと思うくらい、ヨガの智慧がいつもそばにあって助けてくれた。

魂の声に従い、「今だ」という感覚を正面から受け止めたあの時の判断、実行が、私の命を輝かせてくれている。

「透知の力」（読んだり聞いたりしないでも知っていること）、あなたの中にもありますよ。

呼吸

無意識でも動く
有意識でも動かせる
どちらでもできるようにした意味
呼吸は、心のバロメーター
あさい、ふかい、評価ではなく、
ただただ、自分の呼吸を一つ一つ慈しむ
そんな時間は愛おしい
潜在と顕在意識の橋渡し
神様が、人間に与えてくれた意味

奇跡という当たり前

ご先祖様の繋がりの奇跡でできている自分
ご先祖様の最先端にいる
当たり前だと思うと愚痴が出る
有難いと思うと喜びに溢れる
気づいてないのは誰？
せっかくいただいたこの命
どう活かしていくか
私自身のお手並み拝見

矛盾

さみしいな
でも、幸せ
矛盾する感情
全部揃わなくても
一見、欠けて見えても
味わう角度で、まんまるに

止まるをする

止まる
動かない状態
走り続けていると
〃止まる〃は置いてかれる感覚
よーく考えてみて
止まらないと見えない景色がある
止まらないと芽生えない感性がある
〃止まる〃という〃動き〃
〃止まる〃を意識的にする

後悔

「後悔しないように」
なにげなく使う便利なことば
後悔はいつも悪役のよう
悪役の気持ちを静かに引き受ける
後悔を傍において
進め自分
後悔も愛おしい

インタビュー①

「先祖への感謝」とは

――本作は、ご先祖様のことが多く出てくるのですが、やはり親や先祖には感謝しなきゃいけないですか？

感謝「しなきゃ」っていうのはないかなと思います。私は、父親が嫌いだったので、むしろ「感謝してほしい」と思っていたくらいですから（笑）。でも、就職した先のボスの話や、本で学んでいくうちに、親との関係が自分の日常に影響しているということを知りました。自分の中でも、「嫌い」という感情に違和感もありましたし。

――知ったことで何か変わりましたか？

いえ、その時は、何をどうしていいのかは分からなかったので、行動を起こして改善することは何もしていませんでした。改善されるという概念もなかったくらいです。

そんな中「親が〝常識的だから好き〟とか〝迷惑をかけるから嫌い〟」ということ

ではなく、親は「唯一無二の存在」で、自分自身の大元という解釈を知りました。言葉の表面をなぞらえれば「まぁー、そうだよね」という当たり前のようなその解釈ですが、私は、その言葉にハッとしたんです。なぜなら、私にとっては〝家族に迷惑をかける悪い父〟だから「嫌い」となっていたからです。

――言葉の真意を感じたのですね。

はい、それで自分なりにその解釈をよく考えてみたんです。そしたら、こんなことが頭に浮かんできました。「親」って自分の存在の根っこなんだ、そこに良い悪いはないのか。良いとか悪いというのは、見える世界のコト（解釈）であり、そことは違う次元で、「自分を作っているそのもの」という感覚に初めて気がついたのです。

――そうだったんですね。そこから変化してきたのですか？

はい。そしてさらに面白いことに気がついたんです。

――というのは？

「産みの親って替えがきかない」ってことです。たとえば究極の話、「育ての親」は替えがききますが、存在レベルでいう私という人間が「父」と「母」のコラボでできている、という事実だけは替えがきかないなぁーって。替えられないものに対して

「感謝しなきゃ」という感覚ではなく、それらを「認める」「明らかにする（諦める）」ということをしてみよう、と思いました。

——受け入れるという感じですか？

受け入れるちょっと前（笑）という感覚でしょうか。そしたら、次の段階として、自分にとって都合のいい部分だけではなく、都合の悪い部分も含めて認めてみよう。と、自然になりました。この辺で受け入れる感じです。

——そこに至るまでには、気づきがあったんですね。

そうです。なので、「親だから感謝」という概念にとらわれないで、段階をふんでみるといいかなと思います。

——「親に感謝しよう」が先にくると、素直に感謝できなかったり、考えたくない時もありますよね。

したくないときには無理にしなくて良いと思います。私も嫌だった時は感謝という言葉すら思い浮かびませんでしたから（笑）。

——ではなぜ、それでも向き合うんですか？

そうですね。親が「私の根っこ」ということは、自分の存在と〝同じ〟ということになります。なので「親が嫌い＝自分が嫌い」になるなと思いました。

そして、更にさかのぼって、その根っこの先はどこなんだろうと思った時、「ご先祖様だ」となりました。よくよく想像を膨らませてみると、これまでのご先祖様が一人でも欠けたり違う人だったら、当たり前ですが、この私という存在はなかったんだなぁーと思うと、奇跡を感じて自分が愛おしくなっちゃいました（笑）。

――そうですか。「親や先祖」＝「感謝」の間にステップがあるんですね。

そうです。感謝の前に「私は、あの父とあの母のコラボでできている、その事実を認識する」ということから始めたらいいかなと思います。

――それだったら、少しやってみようかなという気になってきました。

親のためではなく、自分のためです。是非!!

――そうか、自分のためですか。

はい。そして、それを人生に置き換えて考えると、替えられない（変えられない）モノ、コト、ヒトに対する最初で最大の受け入れの練習なのかな、とも感じています。そうすると自分の中の嫌な部分も好きな部分も、両方とも認める（認識）ことになります。それを実感すると驚くことに「感謝」が自然と湧いてきました。

「あー、あのヤンチャな父でよかった、あのオジーとオバーでよかったぁ〜、ありがとう」という感じです。

時間が経つと更にわかってきて、自分都合で親を見ていたなということです。でも、その時はそれでいいと思うんです。今、それに気づかせてもらったことが有難いなって。気づいた時にやればいい、気づいた時がやる時だって。

――極端な話、そういう感覚って「親のお葬式」なら実感しやすいと思うんですが。

実は、そのことに気づいたの、父親が他界して二十年くらい後からなんですよね。

――あれ？　お葬式とは関係なく……。

はい、確かに嫌という感情はなくなりました。そして、父が亡くなってから、生きている時より、不思議と父が一緒にいる感覚を持っているのは確かです。でも、それとはまたちょっと違うんです。親が生きている、亡くなっている、ではなく、私の中の問題なんですよね。つまり「わだかまり」は相手が亡くなるからなくなるわけじゃないんです。気づかないと無意識レベルで生活に支障が出てきます。私は父親に対する抵抗だったので、異性に対する考え方とかが、人生に影響してくるんです。父の問題ではなく「私の問題」なんです。

もっと早く気がついていたら、「死の淵」を彷徨わなくてすんだのかもしれないですけど（笑）。

――やっぱり気づくのは早い方がいいのでしょうか？

人生は有限ということを考えると、早いに越したことはないでしょうけど。でも結局は、その人のタイミングで気がついていくのだと思います。今思えば、いろいろなことにぶつかって、何度も何度も気づくタイミングをもらっていたようにも思います。それでも気づかず、何度もぶつかっていました。ここまでぶつからないと気がつけない、おっちょこちょいな私なんです。そんな情けない自分すら認められるようになりました。

でも今では、私がその感情を味わったり、気づいたり、乗り越えたり、伝えたりすることが、私の使命に近づく道程だったんだと強く感じています。必要な時に必要なモノ、コト、ヒトが現れるということも、ぶつかっていく中で得られた感覚です。すべてはベストタイミング。親の存在（いい部分も、悪い部分も）をそのまま受け入れたら、そう思えるようになりました。なので「そんな自分がお気に入り（p．16）」ってなるのです。

2

気づき、向き合う、目覚める

鏡

自分が見ている世界はどんな世界?
見ている世界は、自分の鏡が映し出しているコト
鏡が曇ったり、色がついていたり
汚れがこびりついていると
綺麗なコトも汚く
白が茶色に
そのコトをそのまま素直に見れない
鏡がクリアであるかの点検ポイント
「相手の立場に立てているか」
日々点検
日々自分の鏡を磨こう
よりクリアな世界を見るために

怒りは毒

地球が回ってる。地動説を唱えているわけではない。

朝起きようとしたら、ぐるぐると見える景色が歪んでいた。立ち上がれず、救急車を呼んでもらった。

救急車の中、意外と意識はしっかりしていた。隊員の方が無線交渉で、色んな病院と掛け合ってくれていた。

程なく病院が決まり、検診、診察、その後も、一人では立っていられなくて介添えが必要な状態。点滴を打ってもらい、少し楽になった。

医師からは、入院するようにと言われたが、小さい子ども二人を置いての入院に踏み切れず、毎日点滴に通うということで、自宅に戻ってきた。

「めまい」という診断、三半規管の血流が悪くなって起こったのでしょう……と、その時も原因は今ひとつしっくりこなかった。

その後、発症する前日の状況を振り返ってみた。なんで急にめまいが起きたのかと。いつもと違ったのは、普段、好んで飲む赤ワインが白ワインだったことと、その飲み屋さんが冷房でずいぶん冷えてたかな、というくらい。それで血流が滞ったのか……と。しかし、本当の原因は……後々、大きな気づきがやってきた。

さかのぼること、めまい発症の前日の夕方、私が仕事だったので、仕事が休みの夫に、子どもの保育園のお迎えをお願いしていた。にもかかわらず、お迎えに行くにはギリギリの時間に「今、まだ出先で、迎えに行けない」から私にお迎えに行ってほしいと急に困った電話が。

サロンにお客様もいる状況だったが、お迎えに行かないわけにはいかない。お店の段取りをつけ、子ども二人を迎えに行った。その後、遅れてサロンに来た夫に子どもたちを預け、先に家に連れて帰ってもらった。

やっと仕事が終わってどっと疲れたのと、今日の出来事にモヤモヤしていた私は、家に帰る途中でも、悶々としていた。真っすぐに帰る気になれず、友人に電話して話を聞いてもらった。

ところが、話を聞いてもらってスッキリするどころか、逆に怒りがどんどん込み上げてきて、気持ちがどうしても鎮められない。電話を終え、寄り道をした先での白ワイン。お酒を飲んで、体が冷えて……ということも物理的にはないわけではないと思うが、普段からお酒は比較的好きで飲んでいるので、ちょっと考えにくい。自分の中で引っ掛かっている感覚はなんだろう？　起き上がれないほどのめまい、私の根幹が揺らぐような何があったのか！

自分に聞いてみて、ハッとした。

子どものことより、私のことより、自分のことを優先している夫が許せなかった、寂しかった、悔しかった……。関係性の根幹への怒り。その大きな怒りに私は飲み込まれたのだ。その時の、キャパをはるかに超える怒りが私の体にダメージを与えていたのか……？

相手に怒っていたつもりだが、怒りは毒となって私自身を侵していたのだ。救急車を呼ぶほどの「めまい」は、そこに原因があったと、のちのち気づく。そして、その怒りによって、何が解決した？　何もしていない、むしろ問題を抱えたことになる。

自分の複雑な感情を上手に言葉にできず、すべて「怒り」という表現に集約してしまった私。

時間の経過で、さらに深いことに気づいた。

実家に帰省して、こちらに戻る前日、なぜかイライラする私がいた。母があれこれと「準備したのか？」と、聞いてくるせいだと思っていた。

しかしある時、ふと「私寂しいんだ」、母を一人残していく寂しさ、申し訳なさの感情がストレートに出せず、「怒り」という感情で寂しさを見ない、見せないようにしていることに気がついた。自分の感情をそのまま素直に表せない、そして「怒り」で表現することが多かったのだ。

再度、めまい当日に話を戻すと、夫が、急に迎えに行けず、約束を果たせなかった方が怒られても、批判されてもしょうがない、当たり前だ！　と、それが正義かのように思っていた。

しかし、問題を起こした＝怒られる（責めていい）ではない、問題を起こしたことと、批判される（する）こととは、実は別の問題なんだと、深い部分に思い至った。

自分自身を毒するほどの怒り。怒りは相手のモノではなく、怒りを持った方の毒となる。

怒りの正体

自分の感情の表現
自分で見たことある？
淋しさが怒りに
お願いが怒りに
大切だよが怒りに
なんか間違ってないか？
淋しいは淋しい
お願いはお願い
〝大切だよ〟は〝大切だよ〟
変換はいらない
そのままで

気づき

いつも新しい自分を見せてくれるのは
自分以外の人
そのために人はいるのだろう
私も誰かの〝自分以外の人〟
なにを見せているのだろう
見る人に心を委ねながら
少しシャンとなる

死の淵

死にたいわけではない
しかし、少しつまずくと緑黒色の鍋底に
転げ落ちてしまうような感覚
傍目にはいつもと変わらぬわたし
ゾワゾワと日常が過ぎていく
鍋底に足がついたとき
ふと、緩む感覚
そして「許す」という言葉に包まれた
好意に救われ
言葉に救われ
過去に救われ
光が射してきた

自分を捨てる

足元を掬われそうになる出来事
ドラマみたいだな……
なぜか他人事
そして、強烈な脱力感
自分を建て直そうと
気丈になってみる
いずれにしても突きつけられた現実は変わらない
体裁という、あるようなないようなピエロに踊らされ
我を守ろうとした
ことさらつらくなった
引き受けよう
自分を捨てたそのとき
喜びと勇気と一筋の光が差し込んだ

反省

自分批判は
後退の始まり
反省なきは
成長なし
自分の中の海の底の景色を見に行こう
その奥にある光に気づく

すでに持っていた

私のサロンの名前「イヤシロチ」とは、カタカムナ古代の言葉で「弥盛地」。万物が蘇生する場所、という意味だ。

船井総研の創業者、経営指導の神様といわれていた船井幸雄氏の書籍のタイトル『イヤシロチ』に目が留まり、〝そんな場所にしたい！　居たい！　作りたい！〟との思いから店名にした。

また、その後出会ったヨガ。精神性を高めるためのツールだと思い、向いている！　学びたい！　と始めた。

ヨガの学びを紐解いていくと「すべてを受け入れる」、こんな言葉に辿り着く。

感覚的に欲していた両方を会得していく中で、ふと「あれ？　このどこか懐かしいような、知っていたような感覚はなんだろう……」と、両方の共通点を探してみた。

〝あっ！　すでに持っている（いた）ものだ。島にあった（ある）ものだ、島そのものだ〟と。

船井氏は晩年、二つある世界のイヤシロチの一つが宮古島、とおっしゃっていて、ご自分のセミナーを毎年宮古島で開催し、島民は無料で講演が聞けるようにしていたようです。

そして、ヨガの「すべてを受け入れる」は、父のヤンチャぶりに翻弄され、その尻拭いをしながら五人の子どもを育て上げた母の人生そのものが、すべてを受け入れてあらゆることを許してきた人生だった。

自分が求めているものは、外にあるのではなく、すでに持っているものだったりする。

だから惹かれるのではないだろうか。

そして、なぜか人は、それに気づかない。思考の起点が「ないから得る」だからだろうか？　人それぞれかと思うが、私はそれだった。

欲しいものが、すでに持っていたもの。それに気づくと、欲しいものが自分の中にあるものに変わり、心が豊かに安心に包まれた。

私が、私を選んで生まれてきた理由が、ここにもある。

人生は月の満ち欠け

真っ暗な新月
星の光が引き立つ
アクセサリーみたいな三日月
可愛いと思わずつぶやく
見事に真っ二つの上弦の月
まんまる満月
オニギリみたい！　子どもがパクリ
どのシーンを見ても美しい
人生も同じ

悪い顔したいい奴

文句を言ってくる
指摘してくる
いちいち反発してくる
鬼の形相
何しにきたんだこの鬼は
わざわざ自分の口を濁してまで
よーく見てみると
先送りしていたことを
修正するチャンスをくれていた
実はいい奴

裏切り

誰かが誰かに裏切られる？
裏切られたと思う気持ちが裏切りを作る
自分を裏切れるのは自分だけ
誰かに裏切られることはない
自分の中の不安から発動される
裏切られたという感覚
裏切りは他から来るのではない
自分の中にあるモノ

人は言われた言葉でできている

自分の声は誰が一番聞いてる?
自分の言葉は誰に向かって話してる?
一番近くに
一番大きく聞こえてるのは自分
自分の使っている言葉で自分はできている
優しい言葉に包まれたいなぁー

愛する理由

旦那様が旦那様じゃなくても愛しますか？

奥様が奥様じゃなくても愛しますか？

この質問にドキッとした方は、自分の心に手を当てて、目を閉じてみてください。頭で考えない。自分の奥底にある大事な感覚を目覚めさせましょう。

私は、人生で出会った人とどう付き合うか、ということを起点に人間関係を楽しんでいます。

旦那様だから愛する、奥様だから、親だから、子どもだから、兄弟だから、会社の同僚だから、義理の親だから……。

役割で人を愛していませんか？　自分の都合で人を愛することをしていませんか？

そこには、当たり前や世間体が潜んでいますね……？

そして、自分に対しての利便性。旦那様だからではなく、その人そのものの存在、尊厳を愛する。

そういう生き方、愛し方をしたいですね。

ぐるっと一周回って……それは自分自身のこと。都合のいい自分も、都合の悪い自分も、めっちゃいい奴の自分も、悪い自分も……。そして、能力が高い自分も、情けない自分も……。利便性や付加価値で自分を評価しないで、存在そのものをまるっと包み込む。

人との関係性は、自分との関係性。

本音を言うと喧嘩になると思っているあなたへ

自分の本音は「毒」と思っていませんか？
「あなたのここが嫌であそこが嫌いで」と思っているから
でも、それは本音ではない
目を閉じて、相手を思ってみてください
相手が自分を理解してないことが嫌？
わかってほしい？
なんでわかってほしい？
本当に本当に言いたいことは
「あなたと仲良くしたい」
本音を言うと仲良くなる

自分の枠で人を見る

相手が自分の枠からはみ出していると
不安になったり
違いを間違いと思ったり
カタチが変わり批判に
まずは、自分に枠があることを自覚する
それに気づいたら
はみ出していることを受け入れよう
枠を広げる秘訣

あっちを見るためにこっちを見る

別れという痛みが
出会いという扉を作ってくれる
憎しみという感情が
許すという恍惚感を味わわせる
悲しみが
親切を受け取る感動を呼び起こす
どちらか一つだけでは味わえない
豊穣の喜び
どちらも善し

変わらないもの

人の評価、気持ち、カタチあるもの
それは変わるもの
自分の決めた在り方
それは変わらないもの
いかなるときでも何者にも左右されない
ただただ自分が決めたことをすればいい
自分だけの宝物
ふんわりと守っていきたい

新しい自分との出会い

ヤキモチを妬く自分
愛情深い自分
それもこれも、自分が知らなかった自分
誰かと出会って起こる化学反応
情けない自分
底抜けに明るい自分
チャレンジしないと出会えない自分
失敗しないと気づかない自分
落ち込まないと知れない自分
なぜか愛おしい
人生の中で何回そういう自分と出会えるか
人生は新しい自分と出会う旅

インタビュー②

「気づく」ことの大切さ

——気づくための準備ってあるんですか？

私は七年くらい前から毎朝、自分と向き合う静かな時間を作っています。さらに、その前から、向き合う時の智慧も学んでいました。

——えーっ、毎朝ですか？

はい！　毎朝です！

旅行先でも二日酔いでも、多少体調が悪くてもです。何といっても朝一番に自分を整えてからスタートすると、快適度が増します。

たとえば、心の中になにか引っ掛かる感情がある時は、それをクリアにすることから始めます。引っ掛かる感情がない時は、呼吸に意識を向け、静けさを味わう。波風立っている時には、なかなか見つけられない部分に出会う時間なんです。イメージで言うと、スノードームをひっくり返した後に、ゆっくりと雪が舞い降りて、落ち着いていく感じに似てるかな。

――じゃあ、気づくタイミングというのはどのように見抜きますか？

感情に引っ掛かることや違和感がある時が気づくタイミングです。

どうしてこの感情が引っ掛かっているんだろう？　と素直に自分に聞いてみます。答えが出ない時は、何度でも何日でも、同じことを自分に聞きます。すると、ふと答えが出てきます。私の場合は、言葉が下りてくるという感じですが。

言葉が下りてきた時の喜びとスッキリ感は、生まれ変わったかのような爽快感があります。引っ掛かりのツートップは〝思い込み〟と〝こうあるべき〟という自分の中の常識（笑）。

――うーん。気づきたいけど、引っ掛かる感情と向き合いたくない時ってありませんか？　直視できないというか。

そうですね。もしかしてそれは、自分を批判してしまうからではないですかね？

向き合う時のポイントは、自分や相手の批判を一切しない。ここがポイントです。

出来事だけを見るという感じ。反省はありですが、批判は不毛です。なぜなら誰も幸せにならない。そして、どうしても向き合いたくない時は、無理にしなくてもいいと思います。永遠に向き合わなくてもいいとも思っています（笑）。

なぜなら、自分の人生をどういう心持ちで生きていきたいかも選べるので、向き合わない選択肢もあります。

――でも、気づきたい、変わりたい、もっと楽に生きたい！　という気持ちはあります。

そうですよね。私も向き合っていた時、とてもつらかったです。本の中にも、それが垣間見れる詩が沢山でてくるので、察しはつくと思いますが。

でも、一つひとつ気がついていくうちに、気づきが早く多くなっていくことを実感します。そして、実は、向き合わない方が苦しいということに気づきました。

――そうなんですね。

はい。向き合わないといつまでも解消できないので、ずっと持ち続けることになるな、と。向き合う苦しさが、永遠に続くということはありません。解消されれば、軽くなります。

また、一人ではないことにも気づきます。自分がその気になれば、応援してくれる人、言葉、状況も用意されているんだなと感じます。それは、自分のモノの見方・感じ方が変わるから。それを味方に「向き合ってみたい」と心が動いた時にやってみるのもいいですね。

――糸口が見えれば積み重ねも楽になりそうですね。

はい。自分の変化が楽しくなります。

そして、その変化に気づく目安として、家族の状況、お店のスタッフやお客様、周りにどのような人たちや言葉があるか、ではかっています。

すべては自分発信なので、自分が発信しているエネルギーと同じようなエネルギーが戻ってきたり、くっついてきます。自分が友好的な時は友好的な人が、批判的な時は批判的な人が寄ってきます。

自分の変化に気づくのは難しいですが、周りの変化は自分の変化なので、分かりやすい（笑）。それが快適であればよし、快適でなければ、また自分に聞いてみる。それの繰り返しです。

3

決める、信じる

覚悟

引き受ける
良し悪しではなく
全てを
何かをするときの根っこ
深ければ深いほど、高くなる
大きければ大きいほど、無限大に

力強く選ぶ

初夏の爽やかな日曜日、久しぶりに二人でデートした。手をつなぎ散歩して談笑。いつもの穏やかな風景。

ランチが終わり、ティータイムで、たまに行くお気に入りのカフェに入った。いつものたわいもない話をしていたが、相手から突然「離婚の提案」があった。

えっ？　と一瞬、目の前が真っ白になる。

その後、遠くの方では「自由になってもいいの？」という感覚がよぎっていた。

そんな自分に、自分が驚く！

しかし、子どもがいるので、関係性はなんとか死守しなければと思い、別れる時期を慎重に選ぶ、もしくは子ども達が大きくなるまでは、別れない方向で。と、自分を横に置いた選択をしていた。

そんな中、話を聞いてくれていた友人から「提案されたから別れるとか、別れないとかそういうことではなく、これから美和さんがどう生きていきたいか！　ということが大事なんじゃないの？」と言われ、ハッとした。

世間体や継続を重視した解釈でモノゴトをはかるのではなく、これからの自分の人生をどうしていきたいか、を問い直す時だ、と思った。

不思議なことに、私の人生の大きな節目には、一見、ネガティブと思えるような出来事が起きたりする。

しかし、それは、私を導くために起きる「きっかけ」にすぎない。

始めたことを途中でやめることが苦手な私。だからなのか「自分から変える」というより、「どっちにする？」ということを問われる状況がときおり起きる。正に転機だ。

振り返ってみると私が成長するため、自分に近づくために、当時の私には離婚というツールが必要だったようだ。

距離を置くことを選んでも、一緒にいることを選んでも、自分で力強く選ぶことが、その先の人生を好転させるカギ。

選ばされる人生は誰かのモノ。自分で選ぶ人生を。

離婚

婚姻を離れる
距離が必要になった
自分が自分らしくいられる距離感
人それぞれ
カタチは変われど
存在の意味は変わらない

選択

今の状態は、自分で選択した結果ですか？
「いいえ」
そんなことを思ったら
自分で選んできたという自覚を持とう
嫌な職場も
嫌な夫も
嫌な人間関係も
自分が選んでいることに自覚を持とう
同じように
喜びも自分で選んでいることを自覚しよう
その辺にたくさん転がっている喜びを
選ばないのも、選べないのも自分
自分の選んでいるものにリスペクトを
私たちに与えられた最高の権限

結婚

こんな幸せがあったのか！
今までにない不思議な感覚
家庭という舞台では女性が主役
花嫁衣裳も、妊娠、出産も
そして子育ても
色んな役柄になれる幸せ
そんな舞台も悪くない

愛する生き方

人に嫌われない生き方よりも
人に愛されたいという生き方よりも
人を自分を愛する生き方が
自分を輝かせる

同じ時間を使うなら

命とは時間
そんなコトを聞いたことがある
命の時間、何に使う？
誰に使う？　誰と使う？
イケメンでも一日は、二十四時間
大富豪でも一日は、二十四時間
平等に与えられた時間の注ぎ口
人生そのもの

不安への処方箋

「あっ、気を失っていたのか」、その時に初めて気づく。離婚協議中のこと。

子どもたちと温泉に出掛け、自然を満喫。家に帰ってきたら、なんだか息苦しい。意識して息をしないと呼吸が止まってしまうのではないかという恐怖が私にまとわりついていた。

身体が冷たくなっていくのがわかる。身体も気持ちも自分のコントロール下から逃げていくような感覚が迫ってきた。

ベッドに横になり、ほんのわずかに残っている自分を保つ力を振り絞り、子どもたちに、冷え切っている足をさすってもらうようお願いして……。気づいた時が、冒頭の目覚め。

後々、パニック障害に悩む知人に「それパニック障害の症状に似ているね」と言われた。

必要以上に不安（怖れ）を持つと、その不安に飲み込まれそうになる。息苦しくなったあの時がきっとそうだ。当時は自分でも把握できていないほどの大きな不安があったのだろう。

そして、これに似たような感覚が前にもあったな……。症状も状況も違うけれど本質的に似ている気がする。そう、怒りの毒に侵されたあの時と。

不安も怒りも〝あるもの〟ではなく〝作っているもの〟。

不安が悪いわけではない。不安があるから頑張ったり、不安があるから準備したり、不安があるから身を守る術を覚えたり……生きていく上で、大切な要素。でも、時に不安は巨人化する。私の体なのに、違う誰かが暴れ回り、コントロールを奪おうとする。そのいつ巨人化するかわからない不安との付き合い方も、その後一つひとつ段取りよく私の元へとやってきた。

以前、めまいの通院をしていた時、耳鼻科の先生が他の患者さんに話していたことが、ずっと引っ掛かっていた。

「めまいという症状が出ているわけではないのに、そう感じることがあるんです。それは『脳が覚えている』からなんですよ」と。

「脳が覚えている?」 無いものを有るものと認識するってことか……。

しかし、脳の認識で起こることを知っていても、なんだか揺れているような感じがすると、「また?」と不安が襲ってきて、背筋がゾクゾクするようなことも、しばしば。

その度に浮かぶ「脳が覚えている」……。めまいを起こしているのではなく、〝そう認識している〟という実態のないもの。その後も何度か、揺れているような感覚に悩まされたが、何度目かの時に、ふと、それなら私「めまいをしない! と決めよう」と決意。

脳が覚えているなら、しないと決めれば、それを脳が覚え直す……。

不安(怖れ)は、どこにあるか! (未だ来てない)未来。またその状況になったらどうしよう、嫌だな、と、無いものを有るもののようにとらえていた自分の〝心の癖〟の修正を始めた。

修正法の一つとして、ヨガの真理を日常に取り入れていると、当たり前だと思っていたことが、大きな気づきに変わってきた。

実は私たち「今この瞬間しか感じられない」ということ。

「一分前を感じてください」と言われても感じられない。
あるいは「一分後を感じてください」と言われても、一分後になれば、それは「今」になる。そして、「今」の積み重ねが人生になる。
ただただ、今を感じて生きていくことが大切だと気づいてからは、不安を持つことを必要以上に怖がらなくなった。

不安の解消法は、「今」に戻ること。私が実際にやっていることは、少し不安の兆しが見えたら、「今、珈琲を飲んでいる、歩いてる、自転車をこいでいる……」と、感覚をひたすら今にフォーカスして、やっていることに集中すること。それでも今に戻るのが難しい時は、呼吸を使って今に戻す方法がかなり効果的である。肩の力を抜いて、深ぁーくゆっくりと息を吐く、しっかりと吐ききりながらお尻の穴をギュッと締める。そしてゆったりと吸って、また吐ききり締める……。ふわふわと浮つく気持ちをグーーっと肚に戻す。これを三回くらい繰り返す。

得体の知れない不安をゼロにすることは難しいが、上手に付き合うことはできる。誰でもすぐにできる副作用のない、私からの処方箋。

ときぐすり

辛かったなぁー
頑張ったなぁー
言葉が過去形になった
自分と向き合った時間
そのもっと大きなところで
時薬が効いていた
距離をおく
時間をおく
自分を取り戻す
時の流れは見えない名医

手放す

話すは、離す
話すは、放す
自分の中にあるものを言葉にすると
自分の中から飛び出して
別の生き物になる
それを俯瞰すると
さらに違う生き物に
自分の中に閉じ込めないでね
話すは手放す

許す

誰かを許さないことで
自分を保っているときもある
そこにエネルギーを注ぎ込み、消耗し
偽りの強さ、正義をもらったかのように
自分の中のもう一人が言ってるよ
自分を許してあげて
自分を大事にして、と
それも、ぜんぶ自分

吐いてから吸う

呼吸
出入口
出るが先
あいさつ
親切
笑顔
お金
出すことからやってみよう

記憶の袋の大掃除

これは良い、悪い、好き、嫌い
判断材料の倉庫
それが記憶の袋
誰もが持ってる
沢山入っている人もいれば少ししか入ってない人もいる
モノゴトの選択は、記憶の袋から呼び起こされる
色眼鏡を付けない状態で生きていけたら良いな
そんなとき、瞑想は、高品質な掃除道具
ニュートラルな状態から自分と向き合える
囚われている自分に気づく
気づくと手放せる
色眼鏡が外れる
高品質な掃除道具を使わない手はない

ワクワクを取る

人生の分岐点。その時は気づかない。振り返ってみると「ああ、あそこが分岐点だったんだな」と。

五年ほど勤めていた会社が外資系会社にM&Aで買収され、青い目の人たちがやってきた。そして、秘書室は会社の中でも早々に大きく影響を受ける。「このままここにいることは無理だな」と感じ、それを機に転職を決意した。そして活動していく中で、最後まで迷った転職先候補が二つあった。

一つ目、お世話になった人からの紹介先、二つ目、自分で見つけたベンチャー企業。前者は安定していて、これまで勤めていた会社と似たような感じ、お休みも普通にたっぷり、プライベートの時間も確保確定！　後者の自分で見つけたベンチャー企業、休み少なめ、土日休みではない、会社がまだ成長中！　という一般的には不安定な会社。その時の私は三十三歳。なぜか〝最後の転職〟と決めつけていた。

決定しなければならない数日間、「安定、いやチャレンジ、安定、いやいやチャレンジ、やっぱり安定……」そんなゆれ動く毎日を過ごし、珍しく迷っていた。最後のとか、安定とか……計算が入るとなぜか感性が止まり、ブレーキがかかりがちになる。

えいっ！　枕詞は取ってしまえ！　私はチャレンジのワクワクする方を取った。

今にして思えば、「迷っている」ということは、逆説的に言うと「これまでと違う方」を選択したい時なのだ。なぜなら、今まで通りのことを望んでいれば、きっと迷うことはないだろう。「迷う」というのは、違う方を選びたいのに、選べる少しの勇気が整うまでの〃自分調整期間〃なのだ。

そして、あれだけ悩んで選んでみてどうだったかというと、実は、出社初日「あれ？　もしかして選択を誤った？」と思ったりもした。それは、今までとすべてが違っていたから。不安も先立ち、違いを〃間違い〃と思ってしまう自分に気がついた。

それから比べるのをやめた。

その後、その会社でないと得られなかった、人生を大きく左右する出会いと、学び、ステキな勘違いのギフトをいただいた。振り返ってみると、あそこが私の人生の分岐点。ワクワクする方を選ぶ。Don't think, Just do.

みんな主人公

一人一人が自分の人生の主人公
主人公って、ヒーローばかりではない
ヒーローの時もあれば情けない時も
全部含めて主人公
時には関わる誰かの名脇役
主人公も名脇役も
精一杯演じきる
そこに人生の醍醐味がある

責任

責任を負いたくなくて
人生が小さくなっていませんか？
誰かにとってもらう責任は、窮屈
自分の責任は自分がとる
大きく心の翼をひろげる秘訣
責任がとれる喜び
自分の人生だから

墓場まで持っていく

言えないのではない
言いたくないのでもない
言わないと決めた
その覚悟も、時として人によっては理解してもらえないことも
全てを知ることが愛という勘違い
それでも、心は晴れ晴れ
守りたいモノがあるから

Calling《コーリング》：天職

「本気だったら電話ちょうだい」。もうすぐ一歳になる娘とベビーカーで散歩中、電話番号のメモと共にそんな言葉をかけられた。声をかけてきたのは、私が昔通っていた酵素風呂サロンのオーナーの奥様だ。

声をかけられる三年前、私はそのサロンに通っていた。仕事が多忙で疲弊していた私は、酵素風呂に入ると、なぜか救われた。それがきっかけで、酵素風呂が好きになり「どうせ同じ時間を使うなら好きなことがしたい！」と、サロン立ち上げを夢見て、前に通っていたオーナーにもその思いを共有していたことを思い出した。それを奥様も知っていたようだ。

娘が生まれる前、私は横浜に住んでいた。出産後は、近くに頼れる人がいるところへ、と、実の姉が近くにいる現在の場所へ引っ越してきていたのだ。そして、冒頭の遭遇。

そんなことってあるの？

娘が生まれる前の独身時代、酵素風呂のサロンを立ち上げようと、事業計画書を作成し、スポンサーを見つけ、横浜近辺の物件を探しながら、サロンの立ち上げに向けてエネルギー全開！　だった。

しかし、娘を身ごもり、結婚、出産と神様から待ったがかかっていたのだ。その想いからの、このお声がけ。

声をかけられた時の自分は、夢のような、非現実的なような……。独身時代とは条件も全部違う、しかも一歳に満たない娘の子育て中。

帰宅して、夫に、先の出来事を話すと「やりたいって言ってたよね」と言われた。実は、独身時代に、私が酵素風呂のサロンを立ち上げたいと話したら、事業計画を作成し応援してくれていたのがその夫だった。子育てで、仕事をするというところから二年近く離れていた私は、嬉しいような、いまさら？　という感覚も。

夜、寝る前に頭の中で、いろいろ思いを巡らせてみた。そうすると数年前のワクワク、ドキドキの感覚がふつふつと湧き出し、やっていいならやりたい！　という気持ちになった。

翌朝、まずは保育園探し。それが見つかればゴーだね。と夫と合意。

たまたまその時お世話になっていた不動産会社に契約に行くことがあり、なにげなく、「保育園探してるんですよね……」と話すと「うちの物件で、できたばかりの保育園があって、まだ募集してたと思うよ」という返事が。すぐにご紹介の保育園に連絡してみたら、まさかの……「まだ募集中なので大丈夫ですよ」と二つ返事。

それからというものサロン関係の、物件契約、内装工事、酵素の補完、発酵種作り、接客法、説明、資料作り、などなど、やることしかない状態。ベビーカーの娘も、毎日一緒にサロンに通い、共にお店の立ち上げをしてくれた。

毎日の忙しさの中、夜もなかなか寝つけなくて、みるみるうちに痩せていき、一カ月余りで体重が激減。しかし、その原因が、まさかの〝楽しくて眠れない〟だったのだ。お店がこうなって、あんな感じで、お客様がジャンジャン来て、皆が喜んで……とこんな風。上手くいかなかったらどうしようなんて思う隙は微塵もなかった。

そして、私の手が回らない部分は、夫が事務的な細かいことをしてくれた。

さらに何が凄いかって、準備資金はほぼゼロ。資金は、義理の両親からのお祝い金、銀行の借り入れ、知人からの投資だった。

今思えば、よく始めたな、と。自分で驚くほど。いろいろなリスクを知りすぎてなかったのが功を奏したよう。まさに神がかっていたとしか思えない。すべてがスムーズに、すべてが喜びの方へ向かっていたひと時。

後日談だが、実は「本気だったら電話ちょうだい」と声をかけてきたオーナーの奥様。私に声をかける数日前まで、物件の借り手が決まっていたとのこと。しかし、先方が最終の審査段階で、まさかの審査落ち。当てにしていた借り手を急に逸していた時だったよう。なんというご縁の巡りだろうか。その話を伺った時、私の中ではもう一つの思いがよぎっていた。

実は、私が相談していたオーナー、数年前にお亡くなりになっていたと奥様から伺っていた。「きっと、私を待っていてサロンを引き継いでほしいと呼んでくださったんだろうな」と。

英語でCalling《コーリング》＝天職。いろいろな導きが見事につながった瞬間。

チャレンジ

自分の能力のキャパを超えたとき
助けてくれる人が現れる
自分でできないコトがでてきたから
自分の枠を超える
応援者増える
なんと楽しい宇宙の法則

神様の立場になってみる

ニッコリ笑顔で「ありがとう」
そんなこと言われたら、嬉しくなっちゃう
いただき上手
益々あげたくなる
喜んでくれるから
いちいち喜んで有り難がる
これが、神様から宝物をいただく秘訣
単純明快
神様の立場になってみる

選んだ方をよしとする

どちらか迷ったとき
選べるのは一つ
右を選んだら左の景色は見れない
至極当然
どっちを選んだ方がいいですか？
どちらでもいい
私たちにできることは
ただ一つ
選んだ方をよしとする生き方

4

前進、成長、一歩前へ

人生の操縦席

自分の人生の操縦席に誰が座ってますか？
助手席に座って
運転手の顔色をうかがってませんか？
そうなると運転手の言いなり
誰の人生？
評価も依存も手放して
自分の人生の操縦席には自分が座る
そう決める

自分の感覚を信じる

爽やかな涼風で、畳の部屋のカーテンがゆらめき、その奥で家族が出産を見守る。そして新しい命が誕生。映画で見た忘れられない助産院のワンシーン。穏やかで愛に溢れているのがスクリーンを通しても感覚的に伝わってきた。

それから数年。私自身が妊娠。うっすらとなりかけていた記憶が、ある本との出会いで、冒頭のシーンが蘇る。

「産むをこだわりたい」

初診は、街の婦人科、その後、出産をしてくれる産科のある病院を探した。そこでこだわりがいくつか。

1　畳の上で産みたい

2　会陰を切りたくない

3　親子同室

4　立会ができる

うーんと昔なら、当たり前のことかもしれない。そして私は、なぜかそうしたかった。この条件に近くて「いいみたいだよ」と言われるところは、行ける範囲で全部行ってみた。アメリカ式の最新の産科です！　というところへも行った。

診察するなり、私を見るというよりは、カルテの年齢で、○○症の検査をしませんか？　むしろした方がいい！　というプッシュ。高齢になるとそのリスクが高くなるとのこと。三十六歳での出産、当時では高齢出産だ。もちろん初めてのことで、医者の言葉に動揺し、見えないものに、さらに不安を掻き立てられた。夫と話し合い、検査を受けることに。

検査当日、検査方法とその後の話をされる。説明してくださった看護師さんの口から、「トイレも行けないので管をつけます」と言われ、「ん？」「そんな大変な検査なの？」なんだか、採血するぐらいの感覚でお医者さんは説明していたような……。

私の何かを感じたのか、看護師さんが「親戚に○○症の方はいらっしゃいますか？」と聞いてきた。

私「いえ、いません」

看護師さん「じゃあ、大丈夫だと思いますよ」と。

それを言ってほしかったのか、「そうですよね、そうですよね」と何度も何度も自分の心の声に応えるかのよう。

「すみません、やめます」

すんでのところで検査をやらない、を決意！

病院の受付は、急に言われても困るという様子。費用もそれなりにかかるので前金制。それも振り払っての覚悟（後日戻ってきましたが）。

帰り道、なぜ、やろうと思ったのかも不思議なくらいの清々しさ。信じる気持ちとすべてを引き受けるという大きな覚悟。何かにつけ、天は人の口を介してメッセージを伝えてきてくださる。

受け取れる自分であることに感謝しつつ。

その後も、私のこだわりに叶うところを探していくつかの助産院へ。

そして、程なくして、早く決めないと、産ませてくれる病院がなくなる、というギリギリのところで、少し先の院内助産院制をとっている一度断られた病院にもう一度連絡してみた。そうすると「大丈夫ですよ」という嬉しい返事が。説明を伺うと、私の出産予定日の数週間の期間、産科の先生の増員があり、奇跡的に受け入れていただくことに。これで「産むをこだわりたい」が全部叶った。

何を偶然といって、何を奇跡というのか、心の声に、自分の感覚に、そして天の声に信頼を寄せる。

見えないエネルギーが、見える化したかのような出来事。

ミラクル

わたしの願いをこっそり聞いて
先祖会議が行われ
決定事項がミラクルに
例の件は、いつ先祖会議の議題に上がるかな？
空を見上げて、段取り上手だったオバーにつぶやいてみる
積極的なミラクル待ち

ありがとうのコレクション

ありがとう
即幸せ
そんな魔法を
ヒトに、モノに、コトに
たくさん拾い集めて
みんなで
ありがとうの
コレクション

出産

もう死んでもいい、と思えた
魂からくる至上の喜び
愛おしすぎてこわいくらい
新たな自分の感覚に
驚きと喜び
ウトウトと眠っていた地球の愛が
目覚めた瞬間

決めつけない

「美人だなぁー」

この三線《さんしん》（沖縄の楽器）にしよう！　と決めた時の感覚。

楽器に美人、美男があるかは分からないが、直感的にそう思った。

あることがきっかけで思い立ち、三線を買おうと決めていた。その後、島に帰省した際に立ち寄った三線工房で、目に留まった三線。

三線を買うということは、弾けるから……ではなく、弾きたい！　と思ったから。

とりあえず買っておこう、と。

実は、三線を手に取ったのは、初めてではなかった。かれこれ二十年くらい前にも一度、トライしたことがある。しかし、その時は三線独特の楽譜、工工四（クンクンシー）*が全然入ってこず、まったく覚えられなかった。そのため「向いてないな」と断念した経緯があった。

しかし今回は、歳を重ね、物覚えも二十年前に比べれば悪くなっているだろうに、

＊工工四：記譜はすべて漢字で縦書き。弦の弾き方や指の位置を記したギターのＴＡＢ譜のようなもの。

体験教室のほんの数時間の練習で全部覚えてしまった。というより、身体に染み渡ってきた。そんなことってあるんだ、と自分が自分に驚くと同時に、なんか嬉しい。

タイミングってあるんだな……。

一度向いてないと思ってしまうと、自分自身で、できないと決めつけてしまい、そのもの自体と「向き合う時の感覚」に無意識にブロックがかかる感じがする。

でも、それは自分が作っているということに気づくと、その瞬間、ブロックの鍵が「ガチャッ」と外れる音が聞こえてくるかのよう。

その鍵が開くのは「やれたら良いなぁー」から「やりたい」「やる」という感覚に心のスイッチが切り替わった時。言葉だけではもどかしい〝何か〟を伝えるためのツールとして三線を弾きたいと思った。

音や歌は、「ことば」とは少し趣が違い、解釈が自由で、縛りのない感じが好き。

そして、私の中で、自分の思いを伝えたり、向き合ったりするツールが一つ増えただけで人生が豊かになった。書くことも、話すことも、音楽も、ヨガも……全部。

あなたの気持ちを伝えるツールはいくつありますか？

そして「やりたい」はなんですか？

ステキな勘違い

やりたい
できる
根拠のない自信
やりたいのエネルギーは最強
根拠のある自信
そんなものがあるなら
見てみたい
根拠は、後からついてくる

トントン拍子

リアルに表現するとこーなるのか
自分が動かされる
周りが動く
見えない力が作用する
物事がうまく運ぶときの音

存在そのものの尊さ

「妊娠していますね」地元の産婦人科での検診結果。

なんてステキなんでしょう!!　三十五歳まで独身だった私は、人生のフィールドで逆転満塁ホームランを打った気分。

そんな思いと同時に、店舗を立ち上げようと必死に動いていた矢先だったので、それを断念せざるを得ず、複雑な思いで立ち上げを見送ることになった。

その見送りが奇跡の始まりだということを、その時は知る由もなく。

そして、第二子。サロンオープン二年目での妊娠、「やったー」という気持ちと、「さあ、これから」という中での出来事。「あっ、サロンどうしよう??」同時にくる色んな感情。それも私の人生のステージを変えてくれる序章だったということを後々に知る。というのも、お店のオープンまでに必要な書類や判断、資金調達、細々としたお店の備品購入など、やることの業務量を考えると、もし、当初の予定通りに店舗を立ち上げていたら、私の力量では立ち行かなくなっていただろうな、とゾッとしたからだ。

そして、二人目の妊娠の時は、数カ月経つと私が働けなくなるので、それを機に、思ってもみなかった「スタッフ採用」をすることになった。

仕事を自分の手から離していく感覚、スタッフを信頼する、喜びを共有する幸せ。そして何より大きいことが、給与を払う側になるということ。一人でやっていては感じられない次のステージを見るきっかけを作ってくれた。

立ち上げてみて、娘たちがあの時々で私のところに宿ってくれた意味がわかった。多少の困難だと頑張っちゃう。そして、力づくでも解決していこうとする私。そんな無理をしすぎる私を、お祝いというかたちでスムーズに止めてくれ、新しい景色を見せてくれた娘たち。私の性格を熟知して、この方法が最適だと思ったのだろう。私を助けに、そしてチャレンジをくれるために、あのタイミングできてくれたんだね。

体験を通して実感した「人はみんな、存在そのものに意味があり、役目を果たしている」ということ。当たり前すぎて見えなくなっていた、一人ひとりの尊厳を再認識する機会になった。

楽しんだもん勝ち

嫌いの感情は楽しい？
怒りは楽しい？
恨みは楽しい？
批判は楽しい？
悲しいは楽しい？
ぜーんぜん楽しくない
じゃあ楽しもうよ
好き、許し、承認、喜び
楽しむのは他の誰でもない自分ですること
自分にしかできないこと
自分を楽しくさせるのは自分

自由

ローリングストーン
転がる石
滞りようがない
コロコロ
くるくる
どこへ行くのやら
行き先を決めないことを決めている
大きな大きな宇宙のふところで

自分の人生に恋する生き方

自分の人生に恋してますか？
そして、恋できますか？
誰かの人生のキラメキを拝借するのではなく
自らの人生にキラメキを
キラメキがあるからキラメクのではなく
キラメクからキラメキになる
一度きりの人生
有限を意識して

インタビュー③

「課題解決のヒント」

――モノゴトの見方、受け止め方を楽にするにはどうしていますか？

私は、自分の荷物か、相手の荷物かで分けています。

たとえば、相手が悪い態度をとってきたとします。気持ち良くはありませんが「悪い態度をとっているのはその人なので、あまり気にしません（笑）。だって、その人がその悪い態度をとっているので私の荷物ではないですね。

――自分の荷物？　どういう意味か、もう少し詳しくお願いします。

言い方を変えると〝自分で変えられる〟ことか〝変えられない〟ことか、です。

自分で変えられることが自分の荷物、変えられないことは、相手の荷物です。

「なんであの人、嫌な態度をとるんだろう？」と悩んでいても、相手の荷物なので、変えられないですよね。嫌な態度をとった人は、その態度をとることで、嫌われちゃったりするのもその人ですから、その人にしか背負えない荷物です。そういう具合に切り分けて、自分は、自分の荷物だけを背負っています。また、気をつけなきゃいけないことは、「自分の荷物を誰かに押し付けてないか」というところです（笑）。

――というのは？

自分の思い込みで、こうあるべきという感覚が荷物の原因なのに「相手が悪い」と決めつけ、相手のせいにして荷物を押し付けているパターンもありますね。

あ――気がつかないうちに、やっちゃいそうですね。

そこも、しっかりと自分の荷物であることを自覚して、自分が背負うということが大事ですかね。

自分の荷物は、自分で変えられることなので、一つひとつ軽くしていけますし、相手が持っている荷物を軽くしてあげるお手伝いやサポートもできるようになります。

ややこしくしているのは自分自身っていうのに気がつくと、笑っちゃいますよ。

――確かに、ややこしくしちゃってますね。ややこしくしないヒントはありますか？

私は、「在り方（心持ち）」を決めるということをしています。

たとえば「喜びに溢れていたい」と決めていたとします。そうすると、相手が嫌な態度をとってきても、自分は喜びに溢れる状態でいればいいので、悪い態度に惑わされずにすみます。究極の話でいえば〝相手はいない〟と同じ、となります。

――周りに振り回されないですむってことですね。

はい。なので、あの人がこういうことを言ったらこう返すという「やり方」も大事ですが、私はこういう状態（心持ち）でいたい、という在り方を決めておくと、自分でできるのでシンプルでややこしくならないですかね。

――在り方って、どうやって決めるんですか？

まずは、ご自分の幸せな心の状態をイメージしてみてください。こんな状態だと幸せだなぁ～、とか。

その時のポイントですが、自分で幸せの状態をつくれるのがいいですね。たとえば、誰かがいるとか、お金があるとか、場所、仕事、健康とか、外やモノに左右されることではなく、何ものにも左右されない「自分でできること」です。

――ん～、幸せな心の状態ですか……出てきそうで出てこない（笑）。

そうなんですよね。そもそも「幸せになりたい」とは思っていても「自分の幸せの状態って？」って考えてなかったりします。考えているとしても、人やお金やモノがある状態で、不変的な幸せではないことだったりしますね。

私は、十数年前に、ずーっと、私の幸せの状態（在り方）って？　と、インスピレーション待ちが数カ月くらい続いた頃、ハッ！　と言葉が下りてきました。その場所が、なんと！　夢の国ディズニーランドのジャングルクルーズ、に乗る前に寄ったトイレの帰り（爆笑）。やっぱり夢の国です。

——まさに夢の国ですね。

はい。それが決まれば、あとはそれをやるだけです。自分の幸せの状態は自分がつくるんです。しかし、ここがまた人間の愛おしいところですが、「幸せの状態」を知っていて決めていても、その状態を選べず、気がつくと遠ざかってしまうこともあります。でも、決めていると、いつでも戻れます。そしてそれに近づこうとします。その過程が尊いのかと思います。そして「思っていること」が「言っていること」になり「やっていること」と調和が取れた時、本当の意味で、幸せだなぁ～と感じる。その時はすでに「人生の操縦席p．94）」に座っていますね。

——いいですね。全部がつながってきました。自分の感性や感覚を信じたいと思います。数々のお話をありがとうございました。

エピローグ

島での幼少期を振り返ると、生活の中で良いも悪いも、
島唄、祈り、母の格言、色んな側面から言葉が溢れていた。
言葉に護られ
そして、言葉に縛られていた。
時に煩わしくさえあった。

十八歳で島を離れ、大人になり、色んな経験の中で自分と向き合う時
いつしかその言葉がそばにいて気づきを深め助けてくれた。
言葉が、誰かのものから自分のものとなったとき言葉から解放された。
言葉は、お守りのよう。
いつも傍にいて護ってくれている、助けてほしいときは威力を発揮する。
言葉は、見えないけれど確かに在る。
この本が出会った方のお守りとなることを祈って。

謝辞

「なんで本を出さないの？」と〝あちらの方〟が伝えてきていますよ。とある方に言われたのがきっかけで『人生の踊り場にいるあなたへ』の出版が動き出した。

先送りしていたことを、ご先祖様が待っていられなくて、〝今ですよ〟ともう一押ししてくれたような感覚。そして、現実的には、サロンのお客様として〝神様からの使者〟が次々と現れていた。

伝えられてから九カ月、頭で考えていてもしょうがない。「本を出版しよう」と決めた瞬間に状況が動き始めた。

伝えられて半年後、サロンのお客様として、校正者の青木和子さんが現れた。この方がいなければこの本は生まれていない。彼女とのやり取りの中で、私の中の宇宙で待機していた言葉の数々が、キラキラと音を立てて一気に溢れ出してきた！　数時間で、数十篇と生み出された詩の数々。

そして、ＰＨＰ研究所の〝実直さを絵に描いたような〟常川一創さん。ある方からご縁をいただき、伝えられる八カ月前に別用で、一度だけサロンでお話を伺う機会があった。まさか、後にこんなに大きなご縁になるとは、当人同士はもちろん、その時、誰が想像しただろうか。その後、〝爽やかな声もイケメン〟営業担当の三宅晃生さん、そして、〝静かなるダンディー〟會田広宣編集長とのご縁がつながり、今般の出版に至った。その他、伝えられる一年前にサロンに現れていた中野温未さんが、書籍の予約サイトを作成してくれた。〝見た目も中身もとにかくキュート〟。見ているだけでワクワクするようなサイトにセンスの良さがキラリと光る。

ご縁のつながりが、話となり、輪となって、和をつくった。

「あちらとこちらがあるとすれば……」まさに今回も、あちらとこちらのコラボレーション。

この場をお借りして、詩、エッセイ、インタビューとして紡ぎ出された〝ことば〟の一つひとつ、そして私のこれまでの人生に関わったすべての人、今、この本を手に取ってくださった貴方に喜びと感謝御礼を申し上げます。

終わりは始まりのはじまり

終わりは止まるではない
終わるは喪失でもない
始まるための素地
命の、自然の終わり始まりが
私たちの源

あなたの中にいる詩人との出会い

あなたの中にある言葉を紡いでみませんか？

わたしは二つでできている

父と母
母の苗字、天願
父の苗字、川満
そして、母方の祖父がつけてくれた
私の名、美和子
天川美和
私の可能性を無限大に発揮して
導いてくれる

〈著者略歴〉
天川美和（てんかわ・みわ）
沖縄県宮古島伊良部出身。高校卒業後、進学のため上京。東京で弁護士や社長の秘書を15年続けた後、独立。～酵素風呂・よもぎ蒸し～喜びのタネまきサロン「イヤシロチ」代表。JYA認定ヨガインストラクター、インド中央政府公認YASAヨーガインストラクター、日本ヨーガ療法学会認定ヨーガ療法士、カードセラピスト。

イヤシロチURL：
https://www.18467.jp

公式LINE

●編集協力　青木和子（ことのわ）
●イラスト　よしのぶもとこ
●装幀　本澤博子
●写真　松本美月

人生の踊り場にいるあなたへ

2023年10月9日　第1版第1刷発行

著　者　天　川　美　和
発行者　村　上　雅　基
発行所　株式会社ＰＨＰ研究所
京都本部　〒601-8411　京都市南区西九条北ノ内町11
　教育ソリューション企画部　☎075-681-5040（編集）
東京本部　〒135-8137　江東区豊洲 5-6-52
　普及部　☎03-3520-9630（販売）
PHP INTERFACE　https://www.php.co.jp/
組　版　朝日メディアインターナショナル株式会社
印刷所
製本所　図書印刷株式会社

ISBN978-4-569-85576-9